MÉMOIRE
SUR LE BRÉSIL,

POUR SERVIR DE GUIDE

A CEUX QUI DÉSIRENT S'Y ÉTABLIR;

PAR M. LE CH^{er} G. DE LANGSDORFF,

Consul général de Russie au Brésil, Membre de l'Académie Impériale des Sciences de Saint-Pétersbourg, et de plusieurs autres Sociétés savantes.

MÉMOIRE

SUR LE BRÉSIL.

Pour satisfaire aux demandes réitérées de beaucoup de mes amis, ainsi qu'à celles de plusieurs personnes qui se sont adressées à moi, sans avoir l'honneur de les connaître personnellement, et pour m'épargner la répétition des réponses que j'ai déjà faites à tant de demandes de la même nature, je me suis déterminé à donner un petit aperçu du pays que j'ai habité pendant les sept dernières années, c'est-à-dire, de la ville et de la province de Rio-Janeiro.

Mon but n'est point d'engager des colonistes, ou bien d'encourager les émigrations des Européens pour le Brésil; mais uniquement de faire connaître à tous ceux qui veulent bien s'y intéresser, des faits incontestables sur un pays qui est à peine connu, et sur lequel sont fixés aujourd'hui les regards de l'univers.

Je ne hasarde point d'entrer ici dans des détails politiques, ou de donner mes idées individuelles sur l'état actuel du cabinet du Portugal et du Brésil; il suffit de dire, pour instruire et rassurer toutes les personnes qui souhaiteraient se fixer au Brésil, que son Gouvernement sage et doux protégera toujours leurs intérêts, qui deviendront les siens propres.

Les nouveaux Colons ne seront jamais vexés, car le Gouvernement a déjà déclaré publiquement (1) qu'il leur accor-

---

(1) Nous rapporterons ici la pièce officielle qui a été publiée à ce sujet, dans *le Journal des Débats* du 8 août de l'année courante :

Articles que S. M. T. F. a daigné approuver par son décret daté du 16 mars 1820, portant règlement pour l'admission des colonies étrangères dans le royaume du Brésil.

S. M. T. F., prenant en considération la tendance à émigrer qui se manifeste chez les différens peuples d'Allemagne, et d'autres États, à cause de l'excès de la population de ces pays, et jugeant convenable d'appeler au Brésil des colonies étrangères qui soient réciproquement avantageuses à ce royaume, et aux familles et personnes qui les formeront. Elle a bien voulu faire déclarer les conditions auxquelles seront admises, et les priviléges dont jouiront les colonies qui viendront s'y établir.

Art. 1er. S. M. accorde aux colonies étrangères qui passeront au Brésil dans le but de s'y fixer, des portions gratuites de terre où elles puissent former leur établissement. Ces portions seront d'une lieue carrée, plus ou moins, selon le nombre des familles ou des personnes qui formeront la colonie. La lieue portugaise est de trois mille brasses; et la brasse de sept pieds géométriques.

2. Si la colonie se compose de différentes familles qui s'accordent entr'elles pour se réunir et former l'établissement, le terrain qu'on leur destinera sera partagé en lots de quatre cents brasses carrées à peu près, pour chacune des

dera gratuitement des terres très-considérables; qu'il les exempte pendant les dix premières années, de tous les familles, lesquelles tireront au sort les lots qui doivent appartenir à chacune. On désignera en même temps un terrain suffisant pour l'établissement, dès qu'il pourra se former, d'une ville, des places, des communes, etc.

3. Mais si la colonie se compose de familles d'artisans, ou de personnes qu'un entrepreneur rassemble pour les mener à ses frais, le terrain qu'on lui destinera sera divisé en deux parties, dont l'une pour l'entrepreneur, et l'autre pour être subdivisée entre les familles ou les personnes composant la colonie.

Le gouvernement de S. M. reconnaîtra valides, et fera exécuter les contrats ou les capitulations que l'entrepreneur aura faits avec les familles ou les personnes qu'il aura amenées.

4. Les colonies qui seront établies de l'une des deux manières ci-dessus mentionnées, jouiront, pendant dix années, de l'exemption de dîmes et de toute autre imposition quelconque sur les terres qui leur seront accordées pour leur établissement. Cependant, les colons seront tenus de payer les mêmes taxes ou impôts que les nationaux, dans les terres défrichées qu'ils pourront acheter, ainsi que le droit du cinquième, dans le cas où ils exploiteront les mines d'or, et les droits de douane et le péage sur les denrées qu'ils livreront au commerce.

5. Les familles ou les colons qui voudront retourner en Europe, avant le terme de dix ans, auront la permission de le faire; mais ils ne pourront pas vendre ni disposer, de quelque manière que ce soit, des terres qui leur auront été accordées, lesquelles, en ce cas, seront reversibles à la couronne pour être distribuées à d'autres familles, ou comme il plaira à S. M. d'en ordonner; mais dans le cas qu'ils désirent, après dix ans, revenir en Europe, ils pourront le faire librement, et il leur sera permis alors de disposer des terres à leur gré.

6. Les colons qui s'établiront au Brésil, dans des terres accordées gratuitement, seront dès-lors considérés comme sujets de S. M.; ils seront soumis aux lois et aux usages du pays, et ils jouiront de tous les avantages et priviléges accordés aux sujets portugais.

7. Chaque peuplade de colons sera provisoirement administrée par un

droits, impôts ou taxes quelconques, qu'il leur assure le droit de propriété; enfin le Gouvernement a montré qu'il fait tout pour augmenter la population, et pour attirer des sujets industrieux, des agriculteurs et des artisans de tout genre.

Les événemens politiques que nous voyons en Portugal, ne peuvent avoir d'autres suites pour le Brésil, que de fortifier les liens naturels entre les deux pays, dont les sujets aiment et respectent leur souverain.

Les deux pays, par des intérêts réciproques, par l'heureuse harmonie qui existe entre eux, par la conformité unanime de leur sentiment et de celui de leur grandeur nationale, par l'attachement qu'ils portent à leur monarque, sont inséparables, et le temps montrera bientôt la vérité de cette assertion.

---

directeur, nommé par S. M., jusqu'à ce que la population soit assez nombreuse pour qu'on puisse ériger une ville, et y constituer alors des autorités locales, administratives et judiciaires, suivant les lois portugaises.

8. Tous les colons, pour être admis comme tels, doivent être de la religion catholique et romaine, connus par leurs principes et bonnes mœurs, ce qui sera constaté par un certificat reconnu par les ministres, ou autres employés au service de S. M., dans l'étranger.

Fait à Rio de Janeiro, le 16 mars 1820.

Nous sommes autorisés à ajouter à ce réglement ce qui suit :

1° Que nulle défense n'est faite aux individus d'une communion autre que la catholique romaine, de se fixer au Brésil, et d'y acquérir des terres, quoiqu'ils ne puissent réclamer les mêmes faveurs accordées par le réglement ci-dessus.

2°. Que tous les émigrans sont tenus de pourvoir aux frais et aux moyens de leur transport.

La nation Portugaise, étant bien pénétrée de sa grandeur et de sa gloire, depuis la découverte des Grandes-Indes, secoua, sans effusion de sang, le joug d'une influence étrangère ; elle ne cessa point, et elle persévéra au milieu de ces changemens, avec une constance inouie et inébranlable dans sa soumission à son roi légitime et bien-aimé, et dans son dévouement à la famille royale.

Tous ces événemens, et ceux qui peuvent suivre encore, ne pourront avoir d'autre influence sur le sort des colons, que de consolider leurs propriétés dans ce nouveau royaume.

Tandis que nous observons entre l'Espagne et ses colonies, la discorde, la guerre civile, et une séparation éternelle, nous voyons, et nous verrons toujours, que les liens naturels entre le Portugal et le Brésil seront affermis de jour en jour, et que le Royaume-Uni, créé par JEAN VI, parviendra, sans aucun doute, au plus haut degré de puissance et de prospérité.

Examinons à présent, quel est le pays dont je veux parler, quelle est sa position, son climat, ses productions, sa fertilité ; quels sont les avantages qu'il offre à ceux qui veulent s'y fixer, et quelles sont les raisons qui le font préférer à toute autre partie du monde.

La province de Rio-Janeiro, étant située sur les confins et hors du tropique du Capricorne, est en général, par cette situation, moins chaude que les terres qui se trouvent situées plus près de la Ligne. Toute la province de Rio-

Janeiro, d'une longueur de 90 lieues sur 35 de large, est montagneuse, à l'exception du district de *Goytacases*, ordinairement appelé *Campos* ; elle est donc divisée naturellement en terres élevées ou montagneuses, et en terres basses ; ces dernières sont tout aussi chaudes que quelques autres situées entre les tropiques, et, par conséquent, on y voit cultiver, non-seulement toutes les denrées coloniales, comme le café, le sucre, le coton, l'indigo, le cacao, le riz, le tabac, etc. ; mais on a commencé aussi à planter, et on voit prospérer avec beaucoup de succès, tous les arbres épiciers des Indes, le cannelier, le giroflier, le poivrier, etc., et toutes les productions les plus recherchées de l'univers, tous les arbres fruitiers de l'Orient. Le manguier, la plante à thé de la Chine, l'arbre à pain de la mer Pacifique, le camphrier du Japon, le gingembre, le cardamome et la casuarine de la Nouvelle Hollande, enfin toutes les espèces d'arbres ou plantes des pays chauds y viennent parfaitement bien.

Sur les montagnes élevées jusqu'à trois mille pieds anglais, couvertes jusqu'au sommet de forêts vierges impénétrables, dans leurs vallées riantes, arrosées d'eaux limpides et délicieuses, la température est tout aussi différente que les productions. Les forêts abondent en gibier et en bois précieux de tout genre ; dans les terres neuves et défrichées, les arbres fruitiers et plantes de l'Europe, le pêcher, le figuier, la vigne, le pommier, le coignassier, le fraisier, réussissent à merveille.

Les fruits du pays sont très-variés et en grande abondance; par exemple, les bananes ou plantains, les guyapes, les ananas, les oranges, les citrons, les limons, les grenadilles; quantité d'espèces délicates du genre Eugénia, comme les *Pitangas*, les *Jambos*, les *Gromischamas*, etc.; enfin une infinité d'autres, qui sont presque toutes dans leur état naturel, et qui ne font qu'attendre l'industrie de l'homme, pour être cultivées et servir à l'agrément de sa vie.

En résumé, la situation, le climat, et les productions qui y viennent spontanément, avec celles qui peuvent y être cultivées, rendent ce pays le plus heureux, et le plus indépendant.

Il n'y a ni hiver, ni été; il n'y fait ni une chaleur excessive, ni un froid sensible. Toute l'année paraît être un printemps continuel. La verdure non interrompue, les couleurs vives et variées des fleurs dont sont couverts les arbres les plus hauts des forêts, paraissent changer leurs formes et leur aspect chaque mois de l'année, et nous transportent involontairement dans un nouveau monde, inspirant à l'âme la plus insensible, des sentimens d'admiration et d'étonnement.

Il n'y a pas de jour dans l'année où on ne puisse planter. Les récoltes suivent les semis, et il ne faut que le soin de confier la semence à la terre, pour s'assurer des récoltes.

Les légumes, tels que les choux, les radis, les navets, les concombres, les haricots, les melons, et bien des plantes, qui sont de première nécessité, par exemple: les pommes de terre (1), le maïs (2), la mandioque, les bananiers et autres, peuvent être plantés et ensuite récoltés, chaque jour de l'année, dans les montagnes tout aussi bien que dans les plaines.

On peut aisément conclure de ce que je viens de dire, que la végétation doit être extrêmement rapide, puisque les deux grands principes, la chaleur et l'humidité, s'y trouvent dans une heureuse proportion.

Je devrais craindre d'être taxé d'exagération, si je voulais citer les exemples extraordinaires de la végétation et de la fertilité du pays, tels qu'ils me sont connus ; je me contenterai donc d'alléguer seulement les exemples ordinaires, que l'on peut vérifier chaque jour.

Le père *Correia*, établi dans la *serra d'Estrella*, un des principaux cultivateurs de cette province, a planté une mesure de riz et en a récolté plus de cinq cents. J'ai été étonné de voir planter le riz dans les terres élevées, sans qu'elles fussent préparées, et sans inondation. Il suffit que le terrain soit humide, et que les pluies de l'été ne manquent point.

---

(1) Les pommes de terre, au moins celles que l'on y cultive, prospèrent mieux dans les montagnes et dans les provinces élevées de Minas-Geraes, Saint-Paul, etc., que dans les plaines de Rio-Janeiro. *Voyez Journal von Brasilien*, von Baron Eschwegen. 2" heft.

(2) Les espèces de maïs qui y sont cultivées, ne mûrissent que deux fois l'an ; mais, en y introduisant les espèces précoces de la France méridionale et de l'Italie, on obtiendrait, je le présume, plusieurs récoltes dans le même espace de temps.

La récolte ordinaire du maïs est de 120 à 130 pour u[n]

Le caféyer, cultivé convenablement et dans de bonne[s] terres, commence à porter après vingt mois, ce que j'[ai] vu chez M. le Docteur *Lezesne*, ancien habitant d[e] Saint-Domingue. A sa soixante-neuvième année, [et] après avoir perdu, à différentes reprises et en différen[ts] pays, la plus grande partie de sa fortune, il a recommenc[é] à former une plantation de café au Brésil, et pa[r] ses connaissances supérieures en agriculture, a rendu a[u] Gouvernement les plus grands services; car c'est la seul[e] personne, au Brésil, qui entende la culture du caféye[r]. Son établissement, qui se trouve dans les montagnes d[e] *Tejuca*, à deux lieues environ de Rio-Janeiro, peut ser[-] vir d'école à tous ceux qui veulent bien en profiter.

Il n'est pas rare de trouver des plantations de caféyers où chaque pied donne, par an, cinq ou six livres de café[.]

J'ai observé des greffes de pêchers, de deux années formant des arbres de la grosseur de trois à quatre pouce[s] de diamètre, et chargés de fruits.

J'ai vu des orangers de trois ans venus de semis, for[-] mer des arbres couverts de fruits.

Dans la pépinière du Gouvernement à *Lagoa de Freites*, on peut voir des allées de *mimosa lebbeck* (bois noir) dont les semences furent apportées de l'île de France; après trois ans, les arbres avaient trente [à] quarante pieds de hauteur, et de dix à quatorze pouce[s] en diamètre.

Une personne de ma connaissance a formé un enclos [au]tour de sa plantation de cannes à sucre, en faisant [cou]per des arbres de plusieurs espèces et de moyenne [gro]sseur dans les forêts voisines. Il en fit planter des [mo]rceaux de six à huit pieds de long, et sur cent, [il] n'y en a pas dix qui aient manqué de reverdir. Au[jou]rd'hui, trois ans après, on ne peut passer sans admi[ra]tion devant cette enceinte formée de grands arbres, qui touchent l'un l'autre, et qui défendent l'entrée à toute [es]pèce d'animaux.

D'après l'exposition que je viens de faire du climat de la [pr]ovince de Rio-Janeiro, de ses productions et de sa ferti[lit]é, on en prendrait naturellement l'idée la plus favorable ; [m]ais avant de prononcer, examinons encore s'il y a d'autres [av]antages, et quelles sont les difficultés qui retiennent les [E]uropéens disposés à s'y transporter.

Comparons toute autre partie du monde au nord et au [su]d de la Ligne, et nous ne rencontrerons nulle part les [m]êmes avantages naturels et politiques, qu'au Brésil. Le [C]hili, sur la côte opposée, dans la même latitude, ne peut [lu]i être comparé ; et, quoique la végétation et la fertilité du [so]l soient peut-être égales, pourtant ses productions natu[re]lles ne sont pas aussi variées, la nature n'est pas aussi belle, [il] n'y a pas autant de forêts, et le pays a plutôt de la ressem[b]lance avec l'Europe. En outre il est en révolution, et on [n']accorde aucun avantage aux étrangers.

Examinons, sans entrer dans des détails, si les États-

Unis d'Amérique, les Antilles, les Colonies anglaises, françaises, espagnoles, etc., offrent quelques avantages sur le Brésil.

Les Etats-Unis, qui nourrissent aujourd'hui des millions d'Européens, ont peuplé leur pays par des Colons, auxquels on a vendu les terres à crédit. Le climat y est froid, peu productif, malsain, et sujet aux fièvres. Les Colons ont été, depuis le commencement, et sont encore aujourd'hui transportés à plusieurs centaines de lieues dans l'intérieur; ils sont obligés de travailler pour acquitter le prix du passage, qu'on prétend leur avoir donné gratis; et, sous le nom de débiteurs, ils restent esclaves pendant six à huit ans avant de recouvrer leur liberté. Dans les provinces septentrionales et méridionales, depuis Philadelphie jusqu'à Charlestown et la Nouvelle-Orléans, la fièvre jaune fait des ravages terribles; et des millions d'Européens ont trouvé aux Etats-Unis une mort prématurée.

Qui n'a pas perdu des amis ou des relations à la Havanne, à la Jamaïque, à Saint-Domingue? Même sans y avoir été établis, les négocians et les marins ont été enlevés en touchant le sol de ces contrées. Autre inconvénient. Qui ne se souvient d'avoir entendu parler des orages, des tempêtes, des ouragans ou typhons, qui, de temps en temps, y font la désolation du cultivateur? Dans une nuit, dans une heure, tout le fruit d'un travail de plusieurs années est anéanti, les arbres fruitiers sont déracinés, les maisons en ruines. Au Brésil, on ne connaît point de malaies contagieuses, et les terres fertiles ne sont jamais ravagées par les intempéries. Les propriétés territoriales ont donc, pour les capitalistes comme pour les Colons, d'une plus grande sûreté et d'une plus grande valeur ; soit qu'elles aient été acquises à prix d'argent, ou qu'ils les aient reçues gratuitement du Gouvernement.

Les Anglais ont beau prêcher pour le bien de l'humanité, contre la traite des nègres, ils ont essuyé une plus grande mortalité parmi les individus, dans leurs colonies, qu'ils n'avaient présumé, et les conséquences de leurs mesures deviendront contraires à leurs calculs. Et pourquoi ne s'opposent-ils pas tout aussi bien aux mauvais traitemens, auxquels les émigrés de l'Europe sont exposés aux Etats-Unis ? J'en ai lu avec horreur la description dans leurs journaux, il y a quelques années, et l'arrivée des Colons aux Etats-Unis, les conditions, les achats, les dispositions prises par les fermiers, pour choisir les ouvriers, les cultivateurs, les familles entières, me paraissent plus inhumaines encore, je le déclare, que la traite des nègres.

On devrait supposer, d'après ce que je viens d'énoncer, que le pays, dont je parle, est la terre promise ; que c'est le paradis terrestre ; que tout y vient en abondance, et qu'on n'a qu'à y récolter ; mais on se tromperait bien en prenant cette idée. La vie y est chère ; les produits de première nécessité sont rares ; et on y rencontre une foule de difficultés.

Avant tout, il y manque de bras ; en général la population, et le nombre des artisans, ne sont point en proportion avec la grandeur de ce royaume, et l'étendue de son commerce ; et jusqu'à ce jour, on n'a pas encore suffisamment facilité les communications par l'établissement de grands chemins.

Que dira-t-on, si je donne l'assurance que les caravanes, qui transportent le coton de Minas-Novas et de Minas-Gereas à plus de deux cents lieues de distance à dos de mulets, rencontrent les plus grandes difficultés pour le transport, devant les portes de la capitale?

Le Gouvernement a fait des dépenses très-considérables pour faire une chaussée par les montagnes d'Estrella, à sept lieues de Rio-Janeiro ; mais, en arrivant au pied de cette montagne, à deux lieues de la baie de Rio-Janeiro, on ne peut quelquefois passer qu'au risque de la vie. Les mulets, qui portent la toile de coton, les marchandises et les vivres, tombent dans des marais, sont emportés par les rivières, et il n'y a ni pont, ni routes, à six lieues de la capitale ; et les nègres, les mulets et les marchandises se perdent, comme je viens de dire, à la proximité de la résidence du Roi.

Tandis que l'on aurait dû finir la chaussée commencée, laquelle ferait honneur à toute nation, quelques richards, propriétaires de plantations dans d'autres parties de la chaîne de ces montagnes, ont su déterminer la *Junta do Commercio*, à commencer ou à ouvrir une autre route, qui doit passer près de leurs terres : on y a dépensé plusieurs cent mille cruzades, et ni l'une ni l'autre n'est finie.

Aussi long-temps que le Gouvernement ne fixera point son

attention sur l'amélioration et l'établissement des chemins, que les agriculteurs ne pourront transporter leurs vivres au marché, ni les négocians recevoir les denrées coloniales, qu'au risque de la vie des conducteurs et des mulets, le propriétaire s'efforcera en vain de tirer parti de la fertilité d'un territoire que le Gouvernement lui a accordé gratuitement. Quelque productif que soit le terrain, le pauvre paysan ne trouve aucun encouragement à planter plus qu'il ne lui faut pour son existence ; souvent il n'a pas assez pour nourrir sa famille ; la basse classe mène une vie misérable, et dans le pays de l'abondance, ses habitans sont pauvres et mal nourris (1).

Malgré ces inconvéniens et bien d'autres, il y a toujours

---

(1) Dans le moment même que j'écris ces observations, je reçois des lettres de Rio-Janeiro, dans lesquelles on me mande que les Suisses qui s'y sont établis à leurs frais, et qui ont obtenu gratuitement du Gouvernement des terres dans les montagnes d'Orgues, dix à douze lieues de la capitale, tels que :

Messieurs Fred. et James de Luze, de Neuchâtel;
De Graffenried, Morel, Fischer frères, de Berne;
Constantin Mandrot, Fred. Mandrot, Sterki, de Morges;
Morel, de Payerne;
Berthoud, de Neuchâtel;
Schmidt, du Valais.

Messieurs Maulaz, Cruchaud et beaucoup d'autres desquels j'ignore les noms, ont fait présenter à S. M. T. F. une requête dans laquelle ils demandent l'assistance du Gouvernement pour avoir un chemin praticable depuis le port de Rio-Janeiro jusqu'à leurs établissemens, sur quoi S. M. le Roi a tout de suite donné les ordres nécessaires pour qu'une telle route soit exécutée.

des personnes qui désirent s'établir au Brésil; mais, en examinant les choses avec attention, on trouvera que de certaines gens ont tout autant de tort d'y aller, que le Gouvernement peut en avoir de les bien accueillir. Il est rare qu'un homme industrieux, qui se trouve bien au milieu de sa famille, quitte l'Europe pour chercher ailleurs un mieux fort incertain; il est plus rare encore qu'un homme de fortune, ou jouissant d'un certain bien-être, quitte ses parens et ses relations pour employer son capital au hasard, dans un pays étranger.

Tout émigrant doit avoir un but conforme à ses connaissances et à ses moyens pécuniaires. Le capitaliste, avec les sommes les plus considérables, ne peut réussir seul; et l'ouvrier le plus habile ne peut rien faire sans être employé par des entrepreneurs, soit qu'ils le paient à la journée, ou qu'ils lui prêtent quelques fonds pour un certain temps. J'appelle aventuriers, ceux qui y vont sans connaissances requises, sans informations, et sans l'assistance soit du Gouvernement, soit d'un entrepreneur, ou d'une personne déjà établie dans le pays.

Le Gouvernement, en accordant gratuitement des terres étendues aux Colons européens, leur fait présent, par cette donation, d'un capital considérable; mais quand le Colon n'a ni les connaissances, ni les moyens pécuniaires nécessaires pour pourvoir d'abord à sa subsistance, pour se construire une demeure, pour acheter des bestiaux et des instrumens aratoires et autres; alors que fera-t-il dans les premières années? Ne connaissant pas la langue du pays, il ne saura où trouver du travail; les ressources insuffisantes s'épuiseront bientôt; il se dégoûtera d'un pays, qui, sous d'autres auspices, pourrait faire son bonheur; il manquera même des moyens de retourner en Europe, et il se croira le mortel le plus malheureux.

J'ai vu des aventuriers de toute sorte, dont quelques-uns, sous différens prétextes, ont su obtenir du Gouvernement des sommes extraordinaires pour leur établissement, et n'entendant rien à l'agriculture, ont causé et à l'Etat et à eux-mêmes des pertes considérables. De telles personnes sont plus à la charge qu'au profit de l'Etat.

Le principal objet, que le gouvernement devrait envisager, en admettant des capitalistes et des Colons, serait, selon moi, la qualité des personnes qui veulent s'y établir, leur bonne conduite, leur fortune, l'étendue de leur famille, et les branches de leur industrie.

Parmi les artisans, les plus recherchés sont les charpentiers, menuisiers, maçons, maréchaux-ferrants, serruriers, charrons, tanneurs et mécaniciens. Le pays offre encore beaucoup d'avantages pour construire toutes sortes de moulins, de scieries, de filatures, de tuileries et briqueteries, poteries, etc. En quelques années, et après y avoir établi des filatures, je croirais que les tisserands, et autres artisans d'un luxe moins indispensable, trouveraient leur compte à s'y établir; mais il est tout aussi ridicule de voir quelquefois y arriver, et demander l'assistance du Gouvernement, des fabricans de bas, tisserands de soierie et de draps, des fabricans de bronzes, etc., qu'il est naturel que dans la capitale il y ait des tailleurs, des cordonniers, perruquiers, modistes, etc., venus de pays étrangers, qui, par leur industrie, s'y sont procurés une existence agréable.

La province de Rio-Janeiro étant presqu'aussi grande que la France, et tout le Brésil embrassant une étendue aussi vaste que l'Europe, les Colons et artisans, auxquels le Gouvernement offre généreusement l'assistance, peuvent à leur gré choisir l'endroit le plus propre à exercer leur métier, ou la branche d'industrie qu'ils veulent faire valoir.

Je n'ai parlé que de quelques-uns des avantages qu'offre la province de Rio-Janeiro; mais je ne prétends point dire, que tout cultivateur y trouverait les mêmes facilités.

Les entrepreneurs doivent donc prendre en considération, la province où ils veulent s'établir, sa situation naturelle, ses produits, et la facilité que leur offre la localité pour le débouché des récoltes.

Je ne citerai que quelques exemples, pour donner plus de développement à cette idée.

Les émigrans qui veulent s'adonner à la culture des productions céréales, doivent s'établir hors des tropiques, ou bien dans les provinces élevées, telles que celles de Minas Geraes, de Saint-Paul et de Rio-Grande du Sud. Leur terrain est en outre très-propre à la culture de la vigne, qui ne peut pas réussir à Rio-Janeiro, à cause des chaleurs excessives qui donnent à la végétation trop de force et de rapidité.

On élève beaucoup de gros bétail dans ces mêmes provinces, et principalement à Rio-Grande du Sud, dont les habitans tuent leurs bêtes à cornes, pour le seul avantage des peaux, que l'on vend à l'étranger dans leur état naturel, sans aucun apprêt. Quelque temps après, les mêmes peaux reviennent d'Europe, tannées, apprêtées, et travaillées en objets de première nécessité, tels que bottes, souliers, semelles, etc. On y sèche quelquefois la viande; mais on la vend moins avantageusement, que si elle était convenablement préparée en salaisons, nécessaires aux marins qui naviguent dans les ports du Brésil.

Les provinces de *Rio-Grande*, de *Minas-Geraes*, de *Saint-Paul* et autres, offriraient donc des ressources et des richesses infinies aux tanneurs, aux cultivateurs des productions céréales de l'Europe, à ceux qui voudraient s'occuper de laitage, aux tonneliers, etc., etc.

Les provinces de *Bahia* et de *Pernambuco* sont les plus propres à la culture de la canne à sucre, du coton, du tabac, etc. et offrent plus de facilité et plus d'avantages à tous ceux qui veulent faire une entreprise de cette nature, ou diriger des fabriques qui ont du rapport avec leurs produits, par exemple, une filature de coton, une distillerie, cirerie, fabrique de tabac, etc., etc.

Le cultivateur de riz devrait aller à *Maranhaõ* et y établir des moulins à l'instar de ceux de la Caroline du Sud.

Le cacao et les arbres à épices prospèrent principalement

à *Parà* et *Séarà* ; de manière que toutes les provinces du vaste pays qui s'étend depuis l'Equateur jusqu'à la rivière de la Plata, et depuis le Cap Saint-Augustin (Saint-Roch), jusqu'aux frontières du Chili et du Pérou, offre chacune des avantages particuliers.

Plusieurs endroits, entre autres les *Abrolhos* et les embouchures de la rivière des *Amazones*, abondent en poissons; et les pêcheries, sur ces lieux, offriraient des ressources infinies à l'industrie européenne. On pourrait y préparer les poissons de différentes manières, et dans la suite rivaliser avec les pêcheries de *New-Foundland*.

On a déjà commencé à faire à Parà, et avec le plus grand succès, la colle de poisson, et les établissemens de ce genre seraient, sans aucun doute, secondés par le gouvernement, qui en même temps aurait l'avantage de voir se former par de telles entreprises une pépinière de marins.

Le voisinage de plusieurs ports offrant beaucoup de bois de construction, donnerait encore les moyens d'y établir des scieries, et d'y faire construire des barques et des petits navires de cabotage, pour faciliter dans la suite les communications de ces parages avec la capitale et les ports sur la côte étendue.

D'après ces considérations, il est, par conséquent, contraire à l'intérêt même des entrepreneurs de vouloir suivre sans de mûres réflexions, les premières impulsions qui leur sont communiquées, et de s'établir dans la proximité de

Rio-Janeiro; car il y a près des rivières navigables, sur la côte, à Sainte-Catherine, à Porto-Seguro, à Caravellas, sur les bords de la belle rivière Moucouri, etc., etc., plusieurs milliers de lieues carrées, que le Gouvernement bienveillant offre à tous ceux qui veulent s'y fixer, et où l'on rencontre moins de difficultés pour la communication et les transports, que dans le voisinage de la capitale.

Je finis mon exposition, en assurant qu'un pauvre paysan, seul, sans aucune assistance, ne pourrait guère trouver d'avantages à s'établir comme colon au Brésil, et qu'au contraire le capitaliste entrepreneur, en se fixant dans un lieu convenable de ce riche pays, pourrait facilement doubler et quadrupler en peu d'années son capital, et rendre heureuses beaucoup de familles souffrantes ou végétant en Europe, en même temps qu'il est de l'intérêt du Gouvernement portugais, de faciliter autant que possible les émigrations pour LE MEILLEUR DES PAYS CONNUS.

G. DE LANGSDORFF.

Paris, le 26 novembre 1820.

DE L'IMPRIMERIE DE DENUGON.

www.ingramcontent.com/pod-product-compliance
Lightning Source LLC
Chambersburg PA
CBHW070545050426
42451CB00013B/3188